Inhalt

Klimaschutz und Landwirtschaft - müssen wir unsere Essgewohnheiten umstellen?

Kernthesen

Beitrag

Fallbeispiele

Weiterführende Literatur

Impressum

Klimaschutz und Landwirtschaft - müssen wir unsere Essgewohnheiten umstellen?

I.Zeilhofer-Ficker

Kernthesen

- Um die 15 Prozent der Treibhausgasemissionen stammen aus der landwirtschaftlichen Produktion.
- Vor allem das Freisetzen von Lachgas und Methan wirkt in hohem Maße klimaschädlich.
- Die Forschung konzentriert sich auf neue Kulturen und Systeme, die die Effizienz

steigern, ohne zusätzliche Treibhausgase zu erzeugen.
- Eine langfristige Sicherung der Ernährung der Weltbevölkerung wird trotzdem wohl ohne Reduzierung unseres Fleischkonsums kaum möglich sein.

Beitrag

Landwirtschaft und Klimagase - bisher ein vernachlässigtes Thema

Circa ein Drittel der klimaschädlichen Emissionen stammen von der Erzeugung und Verarbeitung von Lebensmitteln. Das ist zwar weniger, als Industrie oder Verkehr in die Luft blasen, aber doch genug, um Klima schonende Maßnahmen auch von diesem Sektor einzufordern. Diese Forderungen blieben bisher allerdings sehr leise. Spricht man Landwirtschaftsministerin Aigner auf das Thema an, beeilt sie sich aber festzustellen, dass die Methanemissionen seit 1990 um 19 Prozent und das Freisetzen von Lachgas um zwölf Prozent abgenommen hätten. (1), (4)

Anders als in anderen Sektoren weiß man gar nicht so genau, wie viele Treibhausgase überhaupt von der

Landwirtschaft verursacht werden. Denn jeder rechnet anders. Die eine Statistik rechnet die Zerstörung von Mooren und Wäldern mit ein, die andere den Energieverbrauch bei der Produktion von Kunstdüngern, dafür zieht die dritte die Speicherwirkung von Grünland und Waldgebieten wieder ab. (1)

Doch egal, wie die Statistik auch ausfällt, international fängt man langsam an, den landwirtschaftlichen Klimaemissionen mehr Aufmerksamkeit zu schenken. Vor allem im Hinblick darauf, dass man die Lebensmittelproduktion bis zum Jahr 2050 weltweit um 70 Prozent erhöhen muss, will man alle Menschen mit Nahrungsmitteln versorgen, erhält das Thema mehr Bedeutung in Politik und Presse. Stimmen werden laut, die Maßnahmen zur Eindämmung der landwirtschaftlichen Klimagase fordern. (6)

Gute und schlechte Lebensmittel

In Deutschland dürfte der Anteil an Treibhausgasemissionen, der von der Landwirtschaft verursacht wird, irgendwo zwischen elf und 15 Prozent liegen. Weltweit geht man von sieben bis 15 Prozent aus. Einig ist man sich darüber, dass vor allem Lachgas- und Methanemissionen auf das Konto der Landwirtschaft gehen. Diese Klimagase haben eine um ein Vielfaches schlimmere Wirkung auf das Klima als CO2. Lachgas wird vor allem dort frei gesetzt, wo Böden intensiv mit hohen Mengen von Kunstdüngern bewirtschaftet werden. Methan entsteht bei den Verdauungsprozessen von Rindern und Schafen. Rund 70 Prozent der landwirtschaftlichen Klimagasemissionen gehen auf die Tierzucht zurück. Dabei verursacht die Produktion von einem Kilogramm Rindfleisch ungefähr viermal soviel Treibhausgas wie die Produktion der gleichen Menge Schweinefleisch. Kein Wunder, dass der Verzicht auf das lieb gewordene Rindersteak als Mittel zur Rettung des Klimas die Runde macht. (1), (2), (3)

Doch noch schlimmer schlägt die Klimabilanz für Molkereiprodukte zu Buche. Obwohl nur 28 Prozent des Lebensmittelkonsums aus Molkereiprodukten besteht, verursachen sie 53 Prozent der landwirtschaftlichen Klimagasemissionen, Fleisch steht für weitere 25 Prozent bei einem Konsumanteil von zehn Prozent. (5)

Weniger Konsum von Fleisch und Milchprodukten könnte also tatsächlich einiges an Emissionen einsparen. Auch die Verwendung von ökologisch erzeugten Nahrungsmitteln hilft, da im Ökolandbau kein Kunststoffdünger aufgebracht wird. Trotzdem hat der Bioapfel aus Neuseeland eine schlechtere Ökobilanz als der konventionell erzeugte Apfel von deutschen Erzeugern. Neben dem Transport spielt auch die Produktionsform (z. B. Treibhaus oder Freiland) eine Rolle. Will man als Konsument Klima schonend einkaufen, braucht man eigentlich mehr Informationen, als das Etikett im Supermarkt liefert. Wirkliche Vergleichbarkeit kann nur erreicht werden, wenn jedes Lebensmittel mit seinem ökologischen Fußabdruck gekennzeichnet wäre. (5)

Auch Produktionsmethoden müssen sich ändern

Die Landwirtschaft ist Verursacher und Leidtragender des Klimawandels zugleich. Vor allem in den Entwicklungsländern wird sich bis 2050 die Agrarproduktion um neun bis 21 Prozent verringern, weil sich die Regenperioden verkürzen, die für das Wachstum von Nutzpflanzen notwendig sind. Durch Dürren und Nässeperioden sind die Pflanzen außerdem einem höheren Krankheitsdruck ausgesetzt. Noch intensivere Nutzung der Anbauflächen in den geeigneten Gebieten bedeutet aber wiederum mehr Klimagasemissionen. Zusätzlich wirken die Rodung von Waldflächen und die Trockenlegung von Mooren und Sumpfgebieten zur Erweiterung der Anbaugebiete äußerst schädlich auf das Klima. (7)

Die grüne Woche 2010 und die gleichzeitig stattfindende Agrarministerkonferenz in Berlin setzte sich deshalb Klimawandel und Landwirtschaft zum Leitmotiv. Die Agrarminister aus 50 Ländern diskutierten ausgiebig das Problem und einigten sich darauf, dass jedes Land seinen Agrarsektor im Hinblick auf Klimarelevanz analysieren wird. Die Ergebnisse sollen einem globalen Netzwerk zur Verfügung gestellt werden, damit die Klima freundlichsten und effizientesten Methoden und Systeme allen Bauern weltweit zur Verfügung stehen. (8)

Die Forschungsanstrengungen sollen auf neue, dem Klimawandel angepasste Kulturen und Bewirtschaftungssysteme fokussiert werden. Außerdem müssen die Forschungsarbeiten weltweit intensiviert und koordiniert werden, damit die Versorgung mit Lebensmitteln weltweit gesichert und der Hunger eingedämmt werden kann. (9), (14)

Schließlich muss sich auch in der EU-Agrarpolitik einiges ändern. Der Sachverständigenrat für Umweltfragen (SRU) hat einen Drei-Stufen-Plan zur Ökologisierung der europäischen Agrarpolitik entwickelt. Darin wird unter anderem gefordert, dass 20 Prozent des Agrarbudgets für Agrarumweltmaßnahmen ausgezahlt werden. Die Auszahlungsmodalitäten für landwirtschaftliche Leistungen müssen dringend dahingehend verändert werden, dass Klima schonende Praktiken honoriert werden. (10)

Trends

Der Klimaschutz soll in der Gemeinsamen Agrarpolitik (GAP) der EU nach 2013 eine tragende Rolle spielen. Dies allein wird aber nicht ausreichen, um die Lebensmittelproduktion auf Klima schonende Beine zu stellen. Forschung ist notwendig, ebenso muss die Zerstörung von Wäldern, Wiesen und Feuchtgebieten aufgehalten werden. Die Länder der Dritten Welt erwarten zu Recht Hilfen von den Industrienationen bei der Ernährung ihrer Bevölkerung, die besonders unter dem Klimawandel zu leiden hat. (11)

Kontraproduktive Subventionierungen müssen möglichst bald gestoppt werden, um Fehlentwicklungen aufzuhalten. Schließlich muss sich jeder von uns überlegen, wie er seinen Konsum klimafreundlich gestalten kann, damit er auch künftig mit gutem Gewissen genießen kann.

Fallbeispiele

Der Fleischvermarkter Westfleisch hat den Kohlendioxid-Fußabdruck seines Schweinefleisches ermittelt. Er beträgt pro Kilogramm Schweinefleisch 3,2 Kilogramm Kohlendioxid-Äquivalent. Die Untersuchungen haben ergeben, dass jährlich 1,83 Millionen Tonnen Kohlendioxid-Äquivalente durch die Schweinefleischproduktion an die Luft abgegeben werden. (12)

Ein Kilogramm Steak verursacht einen Kohlendioxidausstoß von 24 Kilogramm, ein Liter Milch 800 Gramm, ein Liter Bier 600 Gramm, ein Kilogramm Brot 550 Gramm. Die Hälfte des Kohlendioxidausstoßes von Brot entsteht dabei durch das energieintensive Backen. Bei der Milch verursacht das Methan, das die Kühe ausstoßen rund 50 Prozent der Klimaemissionen. (13)

Weiterführende Literatur

(1) WAS DAS KLIMA KOSTET (7) Landwirtschaft und Ernährung // Magenprobleme // Rinder, Schafe und Kunstdünger tragen erheblich zum Treibhauseffekt bei. Der größte Klimakiller ist aber die Umwandlung von Wald in Ackerland
aus Der Tagesspiegel Nr. 20456 VOM 29.11.2009 SEITE 024

(2) Zunächst keine gesetzlichen Klimaschutzvorschriften in der Landwirtschaft...
aus Der Tagesspiegel Nr. 20456 VOM 29.11.2009 SEITE

024

(3) Auf Fleisch verzichten KLIMABILANZ Ist ökologische Landwirtschaft vorteilhafter als konventioneller Anbau?
aus taz, 14.01.2010, S. 02

(4) Zähes Ringen um den Abschluss des Weltklimagipfels...
aus Agra-Europe (AgE), 50. Jahrgang Nr. 52 vom 21.12.2009

(5) Umwelt: 20 Prozent der Treibhausgase stammen aus der Agrar- und Ernährungswirtschaft Die Klima-Bilanz unserer Lebensmittel
aus Hamburger Abendblatt, 16.01.2010, Nr. 13, S. 32

(6) Bauern sollen Beitrag zum Klimaschutz leisten
aus Saarbrücker Zeitung vom 18.01.2010

(7) FAO fordert eine bessere Anpassung der Landwirtschaft an den Klimawandel...
aus Agra-Europe (AgE), 50. Jahrgang Nr. 41 vom 05.10.2009

(8) Kritischer Blick aufs Fleisch
aus Lebensmittel Zeitung 03 vom 22.01.2010 Seite 018

(9) Die Landwirtschaft ist Teil der Lösung beim Klimaschutz...
aus Agra-Europe (AgE), 50. Jahrgang Nr. 51 vom 14.12.2009

(10) Sachverständigenrat für Ökologisierung der EU-Agrarpolitik...
aus Agra-Europe (AgE), 50. Jahrgang Nr. 50 vom 07.12.2009

(11) Weltgemeinschaft will Landwirtschaft in Entwicklungsländern stärker fördern...
aus Agra-Europe (AgE), 50. Jahrgang Nr. 48 vom 23.11.2009

(12) Westfleisch errechnet CO_2-Fußabdruck für die Schweinefleischproduktion
aus Agra-Europe (AgE), 50. Jahrgang Nr. 48 vom 23.11.2009

(13) "Sind Vegetarier bessere Klimaschützer, Frau Langer?"
aus Frankfurter Allgemeine Sonntagszeitung, 08.11.2009, Nr. 45, S. 45

(14) Klimaschutz ohne Gängelung der Landwirte...
aus Agra-Europe (AgE), 50. Jahrgang Nr. 39 vom 21.09.2009

Impressum

Klimaschutz und Landwirtschaft - müssen wir unsere Essgewohnheiten umstellen?

Bibliografische Information der deutschen Nationalbibliothek

Die Deutsche Nationalbibliothek verzeichnet diese Publikation in der deutschen Nationalbibliografie; detaillierte bibliografische Daten sind im Internet über http://dnb.d-nb.de abrufbar.

ISBN: 978-3-7379-1509-0

© 2015 GBI-Genios Deutsche Wirtschaftsdatenbank GmbH, Freischützstraße 96, 81927 München, www.genios.de

Alle Rechte vorbehalten. Dieses Werk ist einschließlich aller seiner Teile – z.B. Texte, Tabellen und Grafiken - urheberrechtlich geschützt. Jede Verwertung außerhalb der Grenzen des Urheberrechtsgesetzes bedarf der vorherigen Zustimmung des Verlags. Dies gilt insbesondere auch für auszugsweise Nachdrucke, fotomechanische

Vervielfältigungen (Fotokopie/Mikroskopie), Übersetzungen, Auswertungen durch Datenbanken oder ähnliche Einrichtungen und die Einspeicherung und Verarbeitung in elektronischen Systemen.